MW01147838

"Maritza's charming Bilingual book is an absolute delight, an important and fun way for kids on both sides of the International Border to not only learn about civic responsibility but dedication and friendship told through the lens of firefighters."
Frances Causey p.g.a
Emmy-Award winning Director
Producers Guild of America

As a fire chief with just over two decades of experience, I am thrilled to endorse , a captivating and educational children's book that introduces young readers to the heroic world of firefighting. Authored by Maritza Lynn Higuera, this heartwarming book provides an engaging and informative glimpse into the lives of our brave firefighters.
Ben Guerrero
Fire Chief
Tubac Fire District

"Well written, fun, educational, and beautifully illustrated. Fire Heroes is a must-have for any child's bookshelf and elementary school classroom. With her SECOND bilingual children's book Maritza L. Higuera is proving herself not only as a talented storyteller, but also as a storyteller with a lot of heart."
-Joseph Paul Wright
Author, Storyteller, & Journalist

Fire Heroes
Héroes De Fuego

Published by:

T
TOTAL
PUBLISHING
&MEDIA

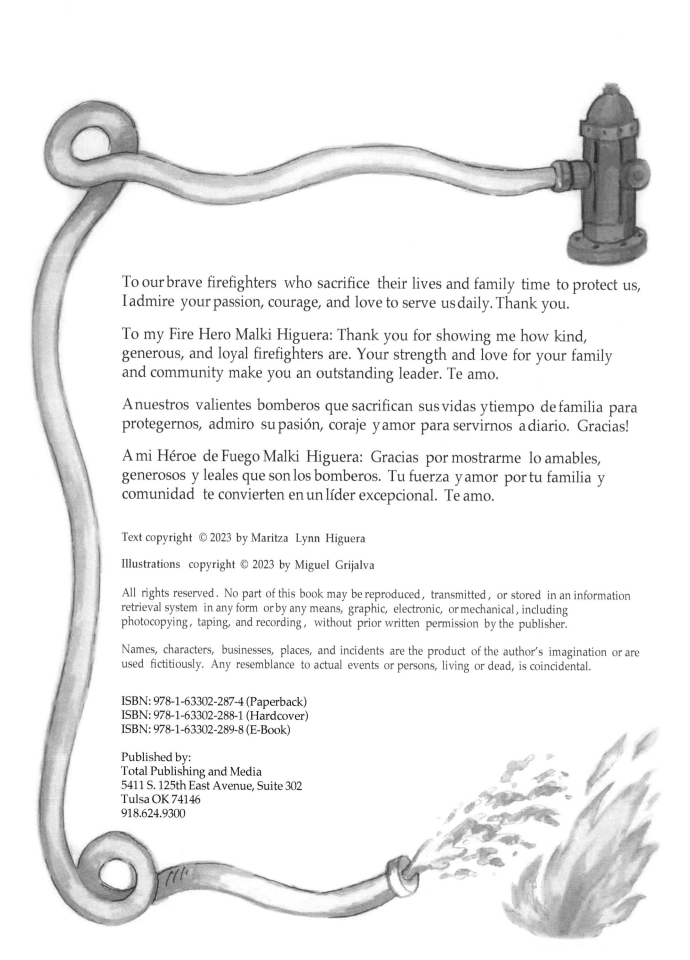

To our brave firefighters who sacrifice their lives and family time to protect us, I admire your passion, courage, and love to serve us daily. Thank you.

To my Fire Hero Malki Higuera: Thank you for showing me how kind, generous, and loyal firefighters are. Your strength and love for your family and community make you an outstanding leader. Te amo.

A nuestros valientes bomberos que sacrifican sus vidas y tiempo de familia para protegernos, admiro su pasión, coraje y amor para servirnos a diario. Gracias!

A mi Héroe de Fuego Malki Higuera: Gracias por mostrarme lo amables, generosos y leales que son los bomberos. Tu fuerza y amor por tu familia y comunidad te convierten en un líder excepcional. Te amo.

Text copyright © 2023 by Maritza Lynn Higuera

Illustrations copyright © 2023 by Miguel Grijalva

ISBN: 978-1-63302-287-4 (Paperback)
ISBN: 978-1-63302-288-1 (Hardcover)
ISBN: 978-1-63302-289-8 (E-Book)

Published by:
Total Publishing and Media
5411 S. 125th East Avenue, Suite 302
Tulsa OK 74146
918.624.9300

Fire Heroes
Héroes De Fuego

Written By: Maritza Lynn Higuera

Illustrated by: Miguel Grijalva

Do you know a firefighter?

¿Conoces a un bombero?

Have you ever wondered what it
takes to be one of them?

¿Te has preguntado qué se necesita
para ser uno de ellos?

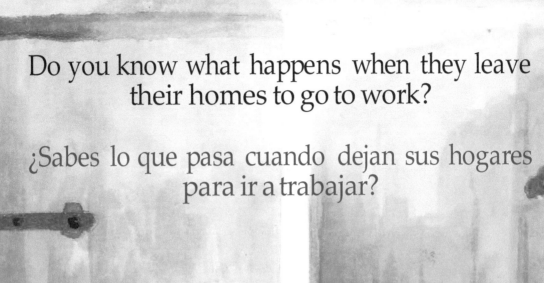

Do you know what happens when they leave their homes to go to work?

¿Sabes lo que pasa cuando dejan sus hogares para ir a trabajar?

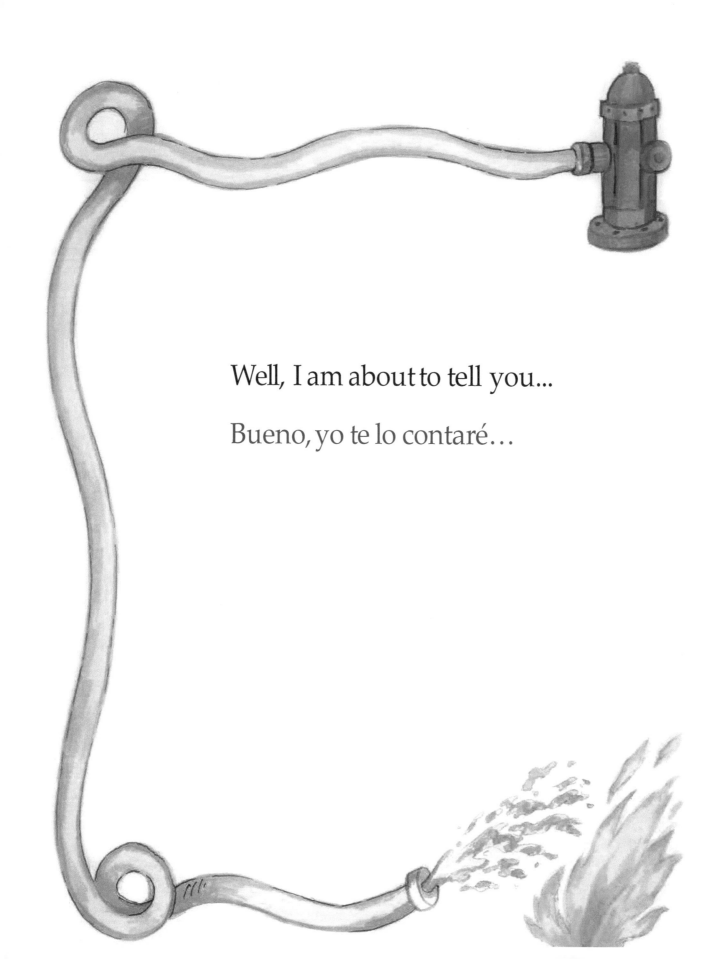

Well, I am about to tell you...

Bueno, yo te lo contaré…

Firefighters spend months and countless hours studying and preparing to help others in case of an emergency. They exercise to stay strong and serve their neighbors and community.

Los bomberos dedican meses y muchas horas estudiando para ayudar a otros en caso de emergencia. Se ejercitán para estar fuertes y servir a su comunidad.

After much preparation and tests, not every student becomes a firefighter; only the bravest, noblest, and most prepared men and women do.

Después de una gran cantidad de entrenamiento y pruebas, no todos los estudiantes logran ser bomberos, solo los hombres y mujeres más valientes, nobles y preparados lo consiguen.

Firefighters have a second home; we know them as firehouses or fire stations. They share the station with other firefighters as a big family.

Los bomberos tienen un segundo hogar, que se conoce como casa o estaciones de bomberos. Ellos comparten la estación con otros bomberos como una gran familia.

They work as a team, ensuring they stay safe after every emergency call.

Trabajan en conjunto, asegurándose de que todos estén a salvo después de cada llamada de emergencia.

When someone calls 911 and needs help, in a flash, they change into their firefighter gear, just like superheroes do, and quickly respond to help no matter the danger.

Si alguien llama al 911 y requiere ayuda, ellos se transforman con su equipo de bomberos con más rapidez que un rayo, así como lo hacen los superhéroes, y responden de inmediato sin importar el peligro.

They will travel by land, by sky, or by sea. With bright lights and loud sirens, their emergency transportation will be hard to miss.

Los verás viajar por tierra, por cielo y por mar, con luces brillantes y sirenas, su transporte de emergencia no será fácil ignorar.

Firefighters respond to car accidents, people injured or lost in the mountains, building fires, and forest fires.

Los bomberos responden a accidentes automovilísticos, personas heridas, perdidas en las montañas, edificios incendiados e incendios forestales.

When most people run away from danger, they stay to save and protect. They are present to aid with passion, bravery, and strength.

Cuando la mayoría de las personas huyen del peligro, ellos se quedan para salvar y proteger. Siempre presentes con pasión, valentía y fuerza.

Firefighters risk their lives to help others daily, treating everyone with care, equality, and respect.

Los bomberos arriesgan sus vidas para ayudar a los demás día a día, tratando a todos con cuidado, igualdad y respeto.

When it is time to lend a hand, borders do not exist; Firefighters support their brothers from other towns, states, and countries when needed.

Cuando es tiempo de dar la mano, para ellos no existen las fronteras. Los bomberos ayudan a sus hermanos de otros pueblos, estados o países. cuando lo necesitan.

When no emergency calls are made…
Firefighters prepare their equipment, and the Fire Captain helps train them to be at their absolute best.

Cuando no se realizan llamadas de emergencia...
Los bomberos preparan su equipo mientras el Capitán de Bomberos los entrena para que estén en su mejor forma.

They also enjoy visiting local schools to teach about fire safety.

Ellos también disfrutan el dar charlas sobre seguridad contra incendios en las escuelas locales.

You might see them waving at you while driving the fire truck during parades.

Durante desfiles, es posible que los veas saludándote en su camión de bomberos.

Or bringing joy and smiles during a holiday.

O trayendo alegrías y sonrisas en días festivos

When firefighters have time to eat and rest, they all sit together as a big family to share their food, and after reviewing the emergency calls they received during the day, the crew is thankful for another safe day.

Cuando tienen tiempo para comer y descansar, los bomberos se sientan juntos como una gran familia, comparten su comida, y después de revisar las llamadas de emergencia recibidas, durante el día. El equipo agradece por otro día a salvo.

After long hours, days, or weeks of sleepless nights, their loved ones and children visit them at the station.

Después de largas horas, días, o semanas, de noches de desvelo; sus seres queridos e hijos los visitan en la estación.

And when those brave firefighters return home, you might see them around your neighborhood picking up their children from school, getting groceries, or fishing by the lake on a Tuesday wearing their regular clothes.

Y cuando esos valientes bomberos regresan a sus hogares, es probable que los veas en tu comunidad recogiendo a sus hijos de la escuela, comprando alimentos o pescando un Martes frente al lago, vestidos con su ropa habitual.

Knowing that after a few days off, they must return to their second home to watch over us and keep our community safe.

Comprendiendo que, tras un par de días de descanso, deben regresar a su segundo hogar para protegernos y mantener segura a nuestra comunidad.

Their loved ones know their hero could miss significant days, such as birthdays, holidays, graduations, a soccer game, or a school play.

Sus seres queridos saben que su héroe podría perderse de días significativos en familia, como cumpleaños, días festivos, graduaciones, un juego de fútbol o una obra de teatro escolar.

When it is time to leave, with a kiss and big hug, they will tell their hero to stay safe as they say goodbye.

Y cuando llega la hora de partir, con besos y abrazos le dirán a su héroe que se mantenga a salvo mientras le dicen adiós.

Children might stare out the window with a bit of heartache as they watch their firefighters leave for a few more days.

Con un nudo en la garganta, los niños observan por la ventana, mientras sus bomberos se marchan por unos días más de trabajo.

Firefighters' families understand their hero's significant role, so with pride and love, they will wait for their safe return home. They will catch up on that holiday, hug, kiss, and enjoy their time off!

Las familias de bomberos entienden perfectamente el importante papel de su héroe. Con orgullo y mucho amor esperarán su regreso a casa. Festejarán juntos, se abrazarán con cariño y ¡celebrarán su tiempo libre!

The End

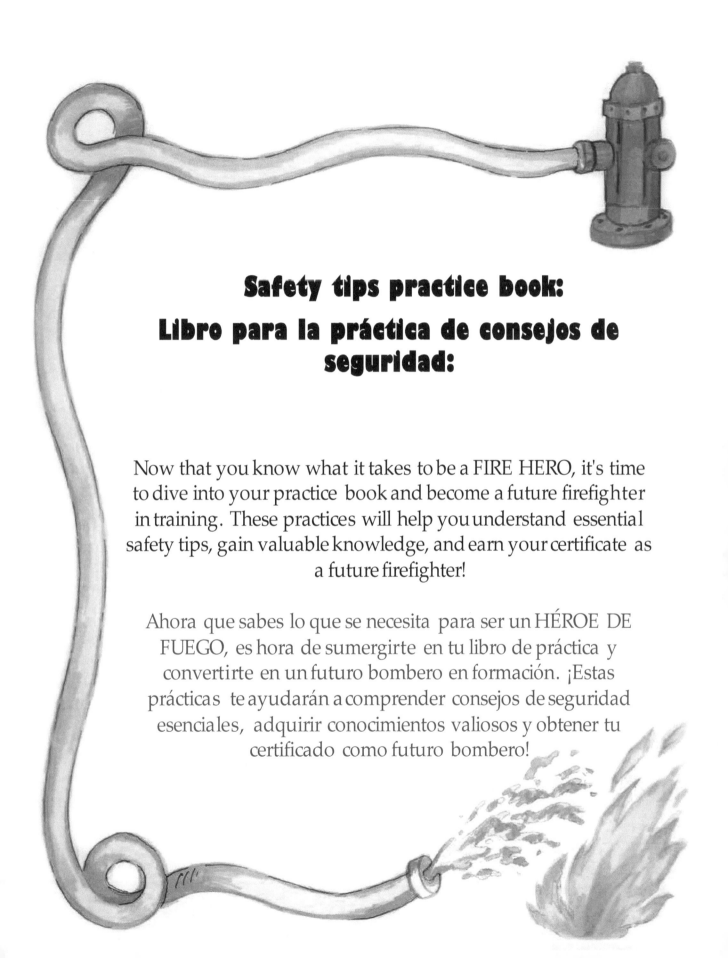

Safety tips practice book:

Libro para la práctica de consejos de seguridad:

Now that you know what it takes to be a FIRE HERO, it's time to dive into your practice book and become a future firefighter in training. These practices will help you understand essential safety tips, gain valuable knowledge, and earn your certificate as a future firefighter!

Ahora que sabes lo que se necesita para ser un HÉROE DE FUEGO, es hora de sumergirte en tu libro de práctica y convertirte en un futuro bombero en formación. ¡Estas prácticas te ayudarán a comprender consejos de seguridad esenciales, adquirir conocimientos valiosos y obtener tu certificado como futuro bombero!

If you have an emergency, always call 911; give them the emergency details, location, and name. They will help you!

Si tienes una emergencia, llama siempre al 911; proporciónales los detalles de la emergencia, la ubicación y tu nombre. ¡Ellos te ayudarán!

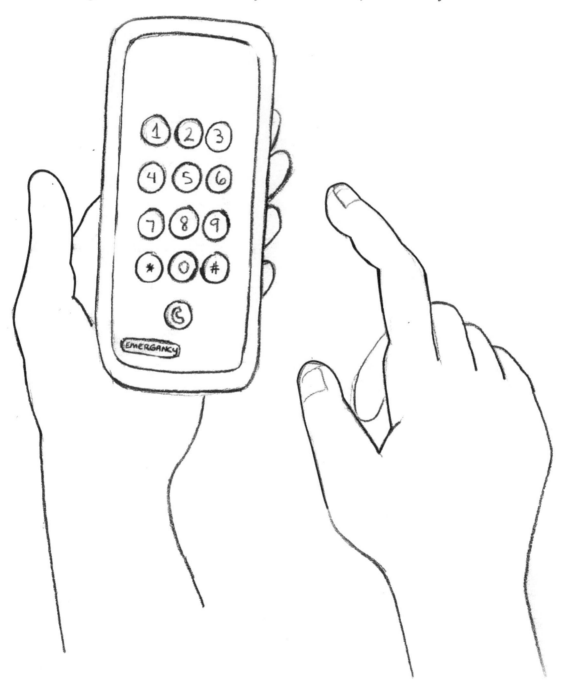

If your clothes catch fire, STOP, cover your face, drop, and roll.

Si tu ropa se llegara a incendiar, DETÉNTE, cúbrete la cara, tírate al piso y ruedate.

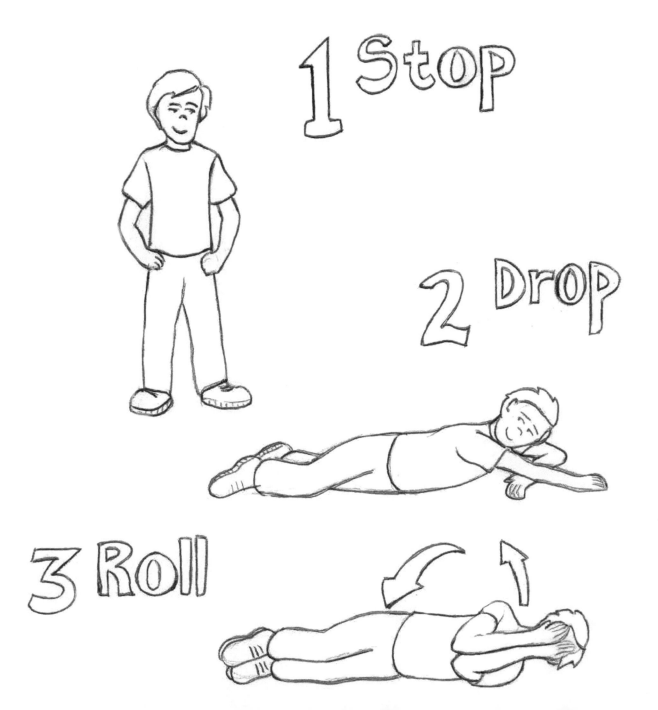

Create an escape plan and discuss it with your family to be prepared in an emergency.

Crea un plan de escape y platícalo con tu familia para estar preparados en caso de emergencia.

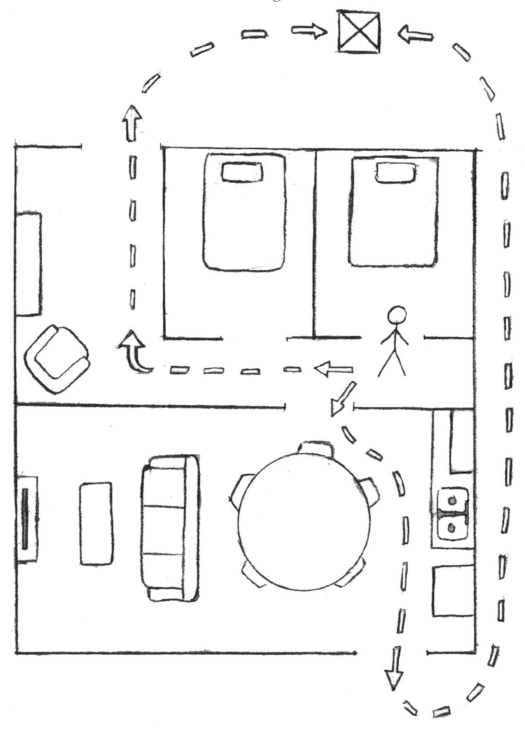

If you find a drug or medication, DO NOT touch it; report it to an adult, even if it looks like candy.

Si encuentra una droga o medicamento, NO lo toques; repórtalo a un adulto, incluso si parece un dulce.

NEVER go into a pool without an adult!

¡NUNCA entres a una piscina sin un adulto!

Congratulations on completing your practice book! You've shown dedication and responsibility in learning about being safe in various situations. You are now a certified future firefighter in training! Remember the valuable safety lessons you've learned and share them with your family and friends to keep everyone safe.

¡Felicitaciones por completar tu libro de práctica! Has demostrado dedicación y responsabilidad al aprender a estar a salvo en situaciones diferentes. ¡Ahora eres un futuro bombero en formación certificado! Recuerda las valiosas lecciones de seguridad que has aprendido y compártelas con tu familia y amigos para mantener a todos a salvo.

Meet The Creators

Hi! I am Maritza Lynn Higuera, the author of Fire Heroes, a firefighter wife and mom of four. I have 20 years of experience working with children in the areas of education and health and nutrition. I love to run and enjoy nature.

Although I was born in the U.S., I was raised in Mexico. Living near the border helped me understand the struggles many children and adults face when they need to learn a second language while migrating to a new country.

I enjoy writing my books bilingual (English/Spanish) to help children and families who are learning a second language or aspire to learn one to have a chance to see and understand the meaning of words in the same book. As an Early childhood advocate, I care about the importance of nutrition during early development and introducing a second language to our new generations.

As a firefighter wife, I believe in the importance of safety awareness to keep our children safe while we support our brave firefighters and their daily sacrifices.

Previous book title: If I Eat My Fruits and Vegetables.

authormaritzalynn@gmail.com

Hello, my name is Miguel Grijalva. I worked on the digital design of the book Fire Heroes and illustrated the artwork. I hope you enjoy the illustrations. I am a Muralist and designer with 24 years of experience.

My murals, ideas, and designs are currently in parts of Mexico and the U.S. in different areas, such as schools and public buildings. I work as an illustrator in fine art, digital art, or anything that can become a surface to create it. I also work with graphic design software. I share my experience as an art teacher with the youth, which is my daily rhythm. I teach art, design, ceramics, and sculpting.

I tend to shut down if I am not creating, so I must keep painting or designing, from tiny creations in watercolor to large-scale murals. I work with multiple mediums and like to render different styles, from surrealism and realism to impressionism. Life must have color in one way or another, and that's the reason for my quote: "Life without color is not life."

Thank you for reading about me. I invite you to check my portfolio and designs; I will happily connect with you.

email: migster21@outlook.com

My portfolio: www.artwanted.com/Migster

My designs: https://www.behance.net/gallery/130236671/Design-Portfolio

Conoce A Los Creadores

¡Hola! Soy Maritza Lynn Higuera, autora de Héroes de Fuego, esposa de un bombero y madre de cuatro hijos. Tengo 20 años de experiencia trabajando con niños en el área de educación y salud y nutrición. Me encanta correr y disfrutar de la naturaleza.

Aunque nací en Estados Unidos, crecí en México. Vivir junto a la frontera me ayudó a comprender las dificultades que enfrentan muchos niños y adultos cuando necesitan aprender un segundo idioma mientras migran a un nuevo país.

Disfruto escribir mis libros bilingües (inglés/español) para ayudar a los niños y las familias que están aprendiendo un segundo idioma o tienen aspiraciones de aprender uno, puedan tener la oportunidad de ver y comprender el significado de las palabras en el mismo libro.

Como defensora de la educacion temprana, me importa el valor de la nutrición durante el desarrollo y el introducir un segundo idioma a nuestras nuevas generaciones.

Como esposa de un bombero, creo en la importancia de la concientización sobre la seguridad para mantener seguros a nuestros hijos mientras apoyamos a nuestros valientes bomberos y sus sacrificios diarios..

Título del libro anterior: Si Como Mis Frutas y Verduras.

authormaritzalynn@gmail.com

Hola, mi nombre es Miguel Grijalva, fui encargado de el area de diseño digital e ilustraciones de el libro Héroes de Fuego, espero que las disfrutes.

Soy muralista y artista diseñador con 24 años de experiencia.

Mis murales, ideas y diseños se encuentran actualmente en partes de México y Estados Unidos en diferentes áreas, como escuelas y edificios públicos. Trabajo en ilustracion, artes plásticas, arte digital o cualquier objeto que pueda convertirse en una superficie para crear arte. También trabajo con software de diseño gráfico.

Me gusta compartir mi experiencia como profesor de arte con los jóvenes, imparto clases de pintura, diseño, cerámica y escultura. Tiendo a desanimarme si no estoy creando arte, asi que continuó pintando o diseñando.

Lo mío son desde pequeñas creaciones en acuarela hasta murales a gran escala. Trabajo con múltiples medios y me gusta representar diferentes estilos, desde él surrealismo y el realismo hasta el impresionismo.

La vida debe tener color de una forma u otra, y ese es el motivo de mi frase: "La vida sin color no es vida".

Gracias por leer mi biografia. Te invito a revisar mi portafolio y diseños; Felizmente me conectaré contigo.

email: migster21@outlook.com

My portfolio: www.artwanted.com/Migster

My designs: https://www.behance.net/gallery/130236671/Design-Portfolio

Printed in the USA
CPSIA information can be obtained
at www.ICGtesting.com
LVHW062323060124
768332LV00032B/143